Née à Liège, Dominique Van Cotthem a approché différentes formes artistiques (musique, peinture, théâtre, mise en scène) avant de se lancer dans l'écriture.
En octobre 2016, elle achève son premier roman *Le sang d'une autre* qui se voit publié l'année suivante et reçoit le Prix Femme Actuelle Coup de cœur des lectrices

Un bleu de fin d'été qui n'a pas dit son dernier mot

Dominique Van Cotthem

Un bleu de fin d'été qui n'a pas dit son dernier mot

Poésie

© 2020 Dominique Van Cotthem/Dominique Van Cotthem

Edition : BoD - Books on Demand
12/14 rond-point des Champs Elysées
75008 Paris
Imprimé par BoD – Books on Demand, Norderstedt, Allemagne
ISBN : 978-2-9782322201693
Dépôt légal : janvier 2020

Le poète se fait voyant par un long, immense et raisonné dérèglement de tous ses sens.

Arthur Rimbaud

Printemps

Lumière annoncée aux portes de l'hiver
Présage renouvelé par-delà les frontières.
Ton halo précieux de flamme blanche
Douce étincelle de beauté
Perce déjà le voile étanche
Du manteau saisonnier.

Accueillir le retour à la vie
Sève jaillissante dans les veines des rameaux cassants
Ou têtes fleuries impatientes sous un chapeau de terre
Que vos jours voient le jour au jour de la lumière
Que vos rêves s'incarnent aux cheminées du temps.

Renaître encore et encore
Semer le pépin qui donnera le pommier
Accueillir le fruit gorgé de sa lignée.
Renaître encore et encore
En ce lieu ou ailleurs
En ce corps ou ailleurs
Mais renaître jusqu'à en être meilleur.

Bleu

Du bleu, intensément bleu, du bleu vivant.

Pas un bleu de printemps, non, un bleu de fin d'été qui n'a pas dit son dernier mot.

Un bleu tutoyé par le soleil.

Un bleu affamé de jaune, il le dévore, à en écœurer la faim, à en déborder la soif, à en pâlir, à en verdir.

Et il tourne dans le souffle qu'un nuage occasionne en tentant de rejoindre un oiseau, se mélange aux gris de la pluie, se délave.

Sa nuance ne porte plus de nom, mais elle brille sous les feux du jaune originel.

Dans l'ombre des reflets mouillés, on peut voir quelques fissures dont les dessins ne portent pas de nom.

Il tourne, tourne, attiré par des teintes plus fraîches, par des représentations plus claires.

Il tourne, tourne, jusqu'à rencontrer des matières douces ou râpeuses qu'il touche par touches légères, gorgées du peu de bleu dont il dispose encore.

Juste pour essayer, juste pour voir, surtout, ne pas abîmer.

Sa palette à présent fait pâle figure, elle a perdu bien trop de ses pigments pour prétendre à un retour en arrière.

Il le sait. Pourtant, il s'attarde sur un regard, sur un sourire commandé, sur le bleu de son enfance.

Écrire

Écrire, c'est construire des mots avec des lettres, des phrases avec des mots, des textes avec des phrases, des pensées avec des livres.

Écrire, c'est peindre les images de l'esprit, c'est crier en silence, c'est chanter sans voix, c'est rendre possible l'impossible, c'est rendre impossible le possible, c'est l'Histoire, c'est livrer sans camion des tonnes d'émotions, c'est un geste qui sauve parfois, c'est toucher du doigt le cœur des autres souvent, c'est ajouter des pages à la vie, c'est une merveille de la condition humaine, c'est dire le monde quand on est seul, c'est croire aux rêves…

Écrire, c'est délier son âme entre deux jambages.

L'attraction des opposés

Dans la moiteur d'un rêve étrangement soumis
Ondoyer aux zéphyrs de l'attraction des opposés
Vers le rassemblement d'un tout autrefois divisé
Revenir aux prémices d'une œuvre inaccomplie.

Tenter d'unifier un improbable mélange
Lier dans un anneau des serments et des vœux
Soigneusement verser ses démons et ses anges
Dans les plis d'une étoffe toute satinée d'aveux.

Offrir au masculin sa moitié féminine
Inexorablement, se rapprocher du juste milieu
Bâillonner l'oppression clouée dans la poitrine
En un seul, à jamais, devenir l'ombre de deux.

Après l'attente

Elle patientait depuis longtemps, si longtemps que sa mémoire commençait à la trahir. De tous les remous ou éclats incandescents endormis en son cœur, elle conservait une vague sensation, délicatement tracée en méandres sur sa peau.

La longue attente se clôturait.

Elle l'éprouvait au creux de son ventre. La nage incessante d'un vivant inconnu s'estompait depuis plusieurs soleils, laissant peu à peu venir le calme avant la tempête.

La longue attente se mourait.

Elle écoutait, ravie, les premiers grondements. Des voix graves résonnaient sous le thorax, martelaient la cadence dans l'enchantement de ce qu'elles allaient donner à voir.

La longue attente s'évaporait.

Elle dévisageait, éblouie, le renouveau dégoulinant. Si petit et déjà si parfait ! L'échappée impérieuse, impériale, inévitable, la comblait autant qu'elle l'effrayait.

Un baiser, vite, un baiser sur le grain chaud. Tant que cela se peut, tant cela est nécessaire.

La longue attente s'effaçait.

Elle s'enivrait des parfums, tout droit sortis de son centre. Odeur de zinc mêlée à l'abricot, effluves inédits prêts à connaître la lumière. Contractant sa déchirure, elle s'accrochait à son autre fuyant, cherchait à le garder pour sien.

La longue attente s'oubliait.

De son sein jaillit une source nourricière. Le breuvage vint combler les manques, tous les manques, jusqu'à rendre possibles les adieux. Et déjà, l'astre naissant courut dans l'Univers à la recherche de son destin.

Et le premier pas fut fait à moins qu'il ne fût le dernier ?...

Accueil

Sans le connaître
L'aimer déjà
L'infime enfoui en soi
Le tout à naître.

Il ressemblera aux autres, mais il sera unique
Il ajoutera le grain de sable qui manque à la dune
Il consacrera sa vie à chercher son identique
Dans les bris, les gravats brassés au gré des lunes.

Seul, il sera entouré, mais entouré, il sera seul.

Il connaîtra la joie, l'amour, le bonheur
Cela sera utile pour affronter ses peurs.

Il deviendra ce qu'il choisira d'être
Se construira en homme libre
Les mots danseront dans ma tête
Tissant mes vœux dans ses fibres.

Et je l'accueillerai en lui chantant :
Tends la main à ton prochain, mais ancre tes pieds dans la terre afin de ne jamais perdre l'équilibre.

L'étudiante

Alors, me direz-vous toujours que je suis belle, jeune, courageuse ?

Osez affirmer encore que j'ai tout pour moi, le temps, une vie entière !

Ça dure combien de temps une vie ?

Et si la mienne s'arrêtait là, demain ?

Sans que je croise un regard amoureux au miroir duquel je me verrais belle.

Sans que je connaisse la douceur du parfum d'un enfant accroché à mon sein.

Sans qu'il me soit donné de devenir celle qui nourrit, celle qui aime, celle qui rassure, celle qui sait…

Une Déesse Mère !

Oui il y a urgence, mes ambitions dépassent la hauteur d'une vie entière.

Bon, je termine l'argenterie puis j'irai étudier. Demain, c'est l'oral en histoire de l'art : La Renaissance !

La continuelle

Je viens de rentrer, si longtemps j'ai marché

Tu es la continuelle

Ma certitude de recommencement

De point-virgule en point-virgule

J'ai foulé le papier, jauni par les âges, adouci par les ans

J'ai caressé le grain, renouvelé le geste à l'infini

Et tandis que mes pieds pesaient sur de fragiles feuilles croquantes

Je réalisais que mon point d'arrivée rejoignait mon point de départ

Et tandis que mes mains effleuraient l'évanescent espoir de ne jamais revenir

Je me retrouvais là, au seuil de mon existence, sans savoir si j'étais au commencement ou à la fin

Alors j'ai posé le bagage trop pesant

Et enfin, j'ai décidé de vivre !

S'unir

L'union fait la force
L'homme est la désunion
Entends palpiter sous l'écorce
Un ruissellement d'eau ou de poison.

Se fondre pour ne pas casser
Amas soudés de corps vides
Devant Dieu ou la forêt humide
Combler l'infini besoin d'exister.

Avec des mots ou des cris féroces
L'enfance accrochée au menton
Un « oui » soufflé à la noce
Apaisera l'homme de la désunion.

Le chant du charbon

Ils avaient quitté leur terre, leur maison, leur famille, avec, dans la poche, l'espoir d'un avenir meilleur. Au fond de leur valise, quelques bouts de tissu, des photographies parfois, plus rarement, un ou deux billets de banque. Mais toujours, ils s'en allaient le bagage gonflé par la force du courage.

Ils arrivaient sur d'autres terres, dans d'autres maisons, auprès d'autres familles. Ils troquaient le soleil contre la pluie, la vigne contre la pomme de terre, le jour contre la nuit. Sans résistance, ils cédaient leurs bras au labeur, laissant leurs mains devenir épaisses et rugueuses, à tel point que les doigts se fendillaient dans les pliures, à tel point que les ongles ressemblaient à de la corne noire.

Dans le froid du Nord, ils transpiraient une eau salée comme la mer, une eau vive comme la mer. Et sous la caresse légère d'une larme de sueur, ils entendaient le dernier claquement d'une vague s'échouant sur le sable. Ils rêvaient.

Ils avalaient des mots dont ils connaissaient seulement les images, obligeant leur langue à se courber sur d'autres intonations. Mais à la nuit tombée, quand finissait l'obscur du profond de l'abîme, ils retrouvaient l'accent ensoleillé des chansons d'autrefois. Dans le désert des baraquements de fortunes, on pouvait percevoir les gracieuses envolées d'un concerto. Il s'agissait d'un hymne à la vie, porté par des voix d'hommes exclus. Qu'importe ! Ils détenaient un trésor invisible aux idiots et aux esprits étroits. Un trésor qui ne se monnayait pas.

Sous le râle poussiéreux de leurs poumons malades, brillait le plus pur des joyaux : un cœur de mineur prêt à tout pour sauver sa famille.

Le cri

Tendue à en percer le ciel
Enracinée à en crever la terre
La montagne sent mes prières
Son souffle blanc m'appelle.

À mains nues, à cœur ouvert
Mes pieds gravissent les parois
Figeant mes doigts dans la pierre
Et un rêve fou en moi.

Prendre de l'altitude
Mesurer l'infini
Confondre le blanc, le noir, le gris
Éclater l'écorce de sa solitude.

Dans un cri lancé au vent
Douloureusement sincère
L'écho entame un chant
Il sanglote dans mon sourire
Et je suis venu vous dire
La peur des hommes sur Terre.

La couleur noire

Elle se répand sur le monde en fureur, en marées ou en misère.

Mais elle épargne, par-delà l'affliction, l'envie de changer l'ombre en lumière.

Elle colore des visages, son pinceau balafre, il avilit, il condamne.

Mais elle épargne, par-delà les différences, l'universelle carnation de l'âme.

Elle est redoutable, fascinante, belle, cruelle, nécessaire.

Elle est la référence de son contraire.

Sa vocation jamais ne se lie à l'obscur.

Au cœur des ténèbres vit le diamant le plus pur.

Et si les météorites étaient des étoiles qui rêvent de devenir des hommes ?

Mon histoire a commencé bien avant ma naissance, mais j'ai choisi d'arriver en ce monde en laissant, sur l'étagère d'une bibliothèque, les nombreux volumes trop lourds et poussiéreux de mon passé.

Il m'était offert de tout recommencer. J'ignorais quel chapitre en était la cause, ma mémoire, déjà, s'égarait aux détours des pages. J'ai accepté simplement de renaître, neuve, ailleurs, lavée à la source de l'oubli.

C'était une nuit d'août, j'ai surgi soudain d'une pluie d'étoiles.

Nous étions des millions, mais je me suis trouvée seule.

Nous étions des millions, mais je me suis trouvée unique.

La lune a allumé ses cratères et dans ses blancheurs, je me suis mirée. Quelle allure, quelles rondeurs ! Je tournoyais dans mon habit de lumière, grisant le rêve de quelques inconnus, inspirant les poètes, répandant mes présages. Je brillais de toute ma vanité et plus j'observais les hommes me regarder, plus j'éprouvais le besoin de leur plaire.

Dans la lentille de puissants télescopes, j'apercevais leurs yeux éblouis. Je cherchais alors à rassembler, au prix de douloureux efforts, l'aura pailletée dont ils admiraient la splendeur.

Il m'en coûtait d'appeler à moi leur attention. Je ne disposais que de la nuit pour les surprendre. La journée, je cherchais le moyen de rejoindre le bleu, d'approcher ces êtres appelés à s'unir, en mesure de pardonner, capables de s'aimer. Il me semblait que l'ombre de leur existence valait bien plus que la plus rutilante des étoiles.

Un jour, je me suis égarée aux frontières de la Terre. Tant et tant d'humains scrutaient les battements de ma folle échappée qu'ils ont brûlé l'ardeur de mon rayonnement. Plongée dans l'incertitude de la nécessité d'étinceler, je me suis souvenue d'une page emportée. Un débris de papier arraché à la hâte. Non, je n'étais pas née lavée de tout l'hier.

Dans la poussière lamée de ma triste existence, je me suis souvenue du cadeau de naissance et j'ai compris pourquoi j'étais revenue, si haut et si brillante.

Sans amour, la lumière éteint l'âme de la source vivante.

J'offre à la vie

J'offre à la vie la douceur de la brise au mois de mai quand elle porte le parfum délicat des cerisiers en fleurs.

J'offre à la vie le torrent de joie qui déferle quand ma tête est en crue.

J'offre à la vie un oreiller moelleux, une couette légère, la pénombre du soir et le silence perturbé par le souffle des pages qui se tournent.

J'offre à la vie des petits sourires, de grands éclats de rire emballés dans des pleurs.

J'offre à la vie des mots et des notes pour en faire une chanson.

J'offre à la vie un peu d'élixir de jeunesse, quelques gouttes de candeur, trois pincées d'ignorance, dix grammes de confiance et des milliers de « Pourquoi ? »

J'offre à la vie un grand tapis de fleurs pour lui apprendre les couleurs.

J'offre à la vie une robe à volants pour lui donner l'envie de danser.

J'offre à la vie un chalet au bord d'un lac avec un ponton d'où l'on peut voir le soleil se coucher.

L'instant

Moi, l'instant, je suis venu vous dire de ne pas craindre demain, car l'éphémère n'est que splendeur. Il virevolte au souffle du vent, se dissimule sous le velours d'un pétale de rose, il nage en suivant la ligne serpentine des rameaux, pétille dans l'éclaboussure d'une goutte d'eau, valse au-dessus du remous des vagues, il réchauffe en un filament de lumière, nourrit l'impermanence au creux des plis secs de la longévité.

Ne pas craindre demain, c'est ouvrir les yeux sur l'évanescente beauté du monde.

C'est écouter les battements d'un cœur pour en recevoir les accords mélodieux et sentir naître dans son ventre la joie d'être vivant !

Insomnie

Dans un tourbillon de réflexions, sans cesse reconduites au centre de l'attention, quelques mots s'épuisent. Ils tournoient en tentant de repousser l'assaut anarchique de la multitude. Ils percutent le crâne fatigué en s'accrochant à une idée : arrêter de penser.

Quatre coups à la cloche de l'église troublent la nuit. Le repos n'entre pas dans la chambre. Il attend au seuil de l'insomnie, droit et discret, il possède cette politesse. Il n'interviendra pas dans la conjugaison des phrases ressassées. Pourtant, dormir anéantirait l'armée verbale, dormir ouvrirait une porte sur le vide, dormir accorderait un silence au vacarme de l'éveil.

Le sommeil fond la raison, il consolide la folie. Il déjoue les pièges de l'inférence, dissout les convictions, coiffe la crinière de l'intellect avec un balai de sorcière. Sombrer dans le rêve et renaître à l'instinct, respirer l'infini et l'impudique nudité de l'âme. Se perdre dans un songe avant de retrouver son chemin, avant de repartir vers son itinéraire.

Nuits de pensées, vous rongez la substance. Vous crachez du venin sur les choix. Vous empalez les doutes. Vous écorchez les failles. Le parfum funeste de vos supplices rôde sous la lune en menaçant le matin à venir. Sous votre cape noire, vous dissimulez d'autres intentions que la seule envie de torture. Votre dessein se joue de la pitié. Vous donnez à la nuit ce que le jour vous refuse.

Ligne

Lignes pures, lignes hachées
Couchées, debout, pliées
Flottement d'une direction à prendre
Trait d'un jugement à rendre.

Lignes de vie, ramifiées, ridées
Vaisseaux de la destinée
Enchevêtrés dans un sexe fendu
Nouent le cordon de sa lignée
Sur un ventre tendu.

Garder la ligne
Fil d'Ariane, substitut de lumière
Ligne de conduite
Ligne mère.

Enjamber les zébrures
Brouiller l'itinéraire
Droit devant, sans armure
Accrochée au cheval.

Qui du blanc ou du noir colore l'animal ?

Garder la ligne
Ligne de conduite
Ligne mère
Naître femme
Et en devenir fière.

La mère bancale

Elle était bancale la mère. Sa tête enfermait un jardin couvert de graines toujours prêtes à germer.

Quelquefois, des fleurs magnifiques sortaient de terre. Dans ces moments-là, elle créait, portée par un génie dont elle n'imaginait pas l'importance. Ses mains devenaient deux artistes en puissance qu'un morceau de tissu ou une pelote de laine inspiraient. Le processus instinctif de son art ne laissait jamais entrevoir l'œuvre finale. La surprise était entière, jamais décevante.

Lorsque le jardin de la mère fleurissait, il faisait bon s'y promener…

Quelquefois, des germes toxiques sortaient du sol. Dans ces moments-là, elle piétinait les parterres, commandait les orages, détruisait les étoffes. Sans doute, avait-elle un compte à régler avec son existence. Une terrible souffrance rongeait alors son âme avant de piquer sa peau de mille points glacés. Avant que les fleurs ne fanent les unes après les autres.

Lorsque le jardin de la mère flétrissait, il faisait douloureux s'y promener…

Elle était bancale la mère, mais elle savait offrir des bouquets fabuleux lorsque sa tête penchait du bon côté, et c'était des brassées de vie au parfum éternel !

Le père bancal

Une canne marchait aux côtés de mon père et je me souviens du bruit de ses pas.

Il était bancal le père avec « sa mauvaise jambe » comme il disait. Une jambe qui ne lui répondait plus depuis un accident. Alors la canne était arrivée à la maison et avec elle, l'espoir de revoir le père debout. Elle était habillée d'une couche d'enduit foncé sous les reflets brillants d'un vernis qui lui donnaient un air au-dessus de ses moyens, comme un vêtement chic porté avec des baskets. L'épaisseur de son corps, logé dans un bouchon de caoutchouc noir, trahissait sa valeur pécuniaire, mais si on suivait sa droiture jusqu'à la courbe douce de la poignée, elle inspirait confiance. On pouvait s'appuyer dessus !

Mon père n'était pas homme d'apparences. Durant des jours je l'ai vu déshabiller sa canne. C'était un spectacle magique, car en ôtant la tenue de lumière, il me montrait la vérité des choses. La blancheur d'une branche apparaissait sous les coups de lames et lorsqu'il eut fini de poncer les dernières aspérités, je compris combien mon père était un homme simple et sincère.

Il était bancal le père avec « sa mauvaise jambe » comme il disait. Cette jambe m'a cependant tant donné qu'elle est devenue ma façon d'avancer.

La quintessence

La quintessence de la vie nous concerne toutes et pourtant elle nous échappe. Elle investit nos corps, souvent aussi notre âme, à notre demande, parfois à notre insu, mais toujours avec la force de son dessein, force à laquelle il nous est impossible de nous mesurer. Elle nous soumet au bon vouloir de ses projets bienveillants, accomplissant son rituel magique à l'abri des regards.

Sommes-nous l'outil de la quintessence ? Oui ! Bien sûr que oui ! Cela ne fait pas l'ombre d'un doute et nous n'en doutons pas même si nous tentons d'oublier l'artiste lorsque nous présentons l'œuvre achevée à la famille en joie.

La palette

Trois primaires ; rouge, jaune, bleu
Trois secondaires ; violet, vert, orange
Six couleurs vont peindre les cieux
Elles montreront le blanc des anges.

La robe rouge

Il serait de bon ton de m'adresser à vous avec l'humilité de ma condition, je vous l'accorde. Mais avez-vous vu ma couleur ? Pensez-vous vraiment que je puisse faire preuve de modestie quand le moindre de mes replis représente une incitation à l'amour ? Parfaitement, à l'amour, le mot est bien choisi. Et si d'aucuns venaient à douter de ma volupté, imaginez comme les messieurs, tous âges confondus, posent fièrement les yeux sur moi.

Un jet de prétention virile s'échappe de leur regard. Dès mon apparition, ils arborent un sourire narquois soutenu par un port de tête altier et la voûte de leur torse bombe la chemise.

Il me suffit d'onduler pour capturer toute la grâce masculine.

Croyez-vous que ce miracle puisse être l'œuvre d'une femme ? Non voyons ! Ne perdez pas votre sens du discernement et accordez à la fluidité de mes drapés les honneurs qu'ils méritent.

Je coule sur les rondeurs, tel un sang fougueux, je magnifie la courbe imparfaite, je trace un chemin vers l'extase. Quelle autre voix, mieux que la mienne, peut susurrer le bruissement suave d'un mouvement ? Quelle fibre obscure peut prétendre caresser la peau aussi délicatement que moi ?

Ne négligez pas mon pouvoir. Je semble et je rassemble. Mon existence se voue à l'union des hommes et des femmes.

Je suis l'emphase amoureuse, celle qui rappelle l'indispensable différence.

Ligne du temps

— Dis, monsieur, dessine-moi le temps.

L'homme sourit à l'enfant, puis il prend un bâton et trace dans le sable une ligne horizontale.

— Pourquoi dessines-tu un moins ?

— Il ne s'agit pas d'un signe mathématique, rétorque l'homme, amusé, sinon j'aurais ajouté une ligne verticale au milieu. Le temps s'additionne, il ne se soustrait pas.

— Cette ligne alors, est-elle ce qu'on appelle la ligne du temps ?

L'homme réfléchit à la pertinence de la question. Le trait creusé dans le sable, s'il oublie l'intention prêtée, n'est rien d'autre qu'une ligne.

— Je te félicite ! Tu as reconnu le temps dans mon dessin.

— Mais si je demande à mes amis de me dire ce que représente cette ligne, aucun parmi eux ne reconnaîtra le temps !

— Bien entendu ! Qui peut se vanter d'avoir vu le temps ?

— Et toi, tu l'as vu ?

— Non, jamais.

— Alors pourquoi m'affirmes-tu que cette ligne est la représentation du temps ?

— Parce qu'elle en symbolise la course. Elle contient soixante secondes dans une minute, soixante minutes dans une heure, vingt-quatre heures dans une journée, où que l'on se trouve en ce monde. Le temps est un trait d'union entre les peuples.

L'enfant vient s'asseoir aux côtés de l'homme, laissant son regard se perdre au-delà de l'horizon. Quand le soleil touche la terre, il brise le silence.

— Depuis combien de temps sommes-nous ici ?

— Une heure, dit l'homme, après avoir consulté sa montre. Pourquoi cette question ?

— J'aime à penser que pendant une heure, alors que nous dessinions le temps, il s'est écoulé aussi une heure à l'autre bout du monde.

La mort du meunier

Il gisait sur le lit blanc, relié à la vie par un tuyau de perfusion d'où s'écoulait goutte à goutte, comme les larmes d'un petit chagrin, une eau colorée de chimie dont la promesse guérisseuse devenait de plus en plus mensongère.

Des grosses mains, qui autrefois enveloppaient la maisonnée entière, il restait des doigts noueux, marbrés de bleu sous un fin papier de chair. Il ne ressemblait plus au patriarche rassurant que nous consultions lorsque notre infirmité de jeunesse manquait de discernement. Il ne ressemblait plus à un père, il était devenu un homme en partance avec, comme seul bagage, de la peau sur des os.

Il ne parlait plus, ne mangeait plus, il ne réagissait plus aux mots tendres que notre affection inventait dans l'espoir de le rappeler à nous. Ses yeux clos occultaient le tableau déchirant de son départ et je me dis que cela était très bien ainsi.

Pourtant, je voulais qu'il s'en aille avec quelque chose de beau, quelque chose qu'il aimait, qu'il connaissait par cœur. Quand je me retrouvai seule avec lui, je sortis de mon sac une partie de ses souvenirs. Lentement, avec la plus grande douceur, je pris sa main et y glissai quelques grains de blé. Sans rien brusquer, je fis danser l'or des champs dans sa paume usée qui avait tant et tant caressé la meule. Il perçut le grain. Je le vis bouger l'index, alors je compris que les doigts eux aussi sont dotés de mémoire. Sans attendre, je les saupoudrai de farine, celle-là même qu'il avait meulée le mois dernier. Elle était aérienne, veloutée, fraîche, elle semblait humide. Puis, j'en versai une grosse pincée au creux de la paume. Je n'eus pas de mal à plier ses phalanges, il m'y aida. Il les serra une à une sur son trésor. Il fit tourner le bout de ses doigts pour juger la qualité de son travail, comme il le faisait, il y a si peu de temps encore. Et soudain, il sourit. Le ravissement s'inscrivit sur son visage. Ses lèvres craquelées trouvèrent la force de s'étirer avant de s'ouvrir légèrement, dans un dernier souffle qui fit s'envoler un peu de poussière blanche.

L'oiseau va sortir

On peut naître oiseau
Et ne jamais voler
On peut naître beau
Et ne jamais s'aimer.

Regarder au travers d'un miroir
Le son des membres atrophiés
Entendre des larmes ruisseler
Sur des murs rances et noirs.

Et engluer ses plumes
Au plus près de la peau
Et broyer l'amertume
Sous des palmes ou dans l'eau.

Tendre le bec, comme un pic
Sceller ses rêves de grandeur
Dans le seul bruit du déclic
De la cage de l'oiseleur.

Soumettre son apparence
À la caresse d'une envolée
Figer dans la brillance
Le poids d'une aile brisée.

On peut naître oiseau
Et ne jamais voler
On peut naître beau
Et ne jamais s'aimer.

La mère

Sous son cache-poussière de vichy turquoise, elle occulte un corps de femme usé par les tâches ménagères.
Depuis combien de temps n'a-t-elle plus enfilé sa petite robe à fleurs ? Sa jupe de crêpe rose aux volants liserés de dentelle ? Son chemisier vert émeraude si bien assorti à la couleur de ses yeux ? Des années ! Une succession de mois étirée comme l'eau savonneuse que son balai mène au caniveau.
À peine dévêtue de sa robe de mariée que des ronds de nacres fermaient son tablier.

Suspendu à son crâne, un escargot emprisonne ses longs cheveux. L'orange et le blanc tourbillonnent, mais ce n'est pas une danse.
Depuis combien de temps n'a-t-elle plus laissé virevolter ses boucles vénitiennes ? Ses nattes épaisses dans lesquelles elle glissait des boutons d'or ? Ses mèches soyeuses délicatement posées sur le blanc laiteux de sa peau ?
À peine retirés son voile et sa couronne que des ronds de nacre fermaient son tablier.

Ses mains se sont froissées à force de baigner dans les eaux troubles du linge propre. La peau de son visage dégringole les marches du temps. Et les

gâteaux d'anniversaire ont creusé des plis en forme d'étoiles, mais ce n'est pas un sourire.
Depuis combien de temps n'a-t-elle plus poudré ses joues de rose ? Souligné sa bouche de rouge ? Dessiné un trait noir sous ses paupières ?
À peine fanées les fleurs de son bouquet de serments que des ronds de nacre fermaient son tablier.

Son ventre s'est arrondi, dégonflé, arrondi, dégonflé, arrondi, dégonflé, indifférent à la poussière qu'il ne faut pas laisser entrer. Indifférent à la douleur fondue dans des berceaux de joie. Indifférent aux inquiétudes noyées dans une source d'amour.
Depuis combien de temps n'a-t-elle plus envisagé de revenir à l'enfance ? Attendre qu'on lui défroisse sa petite robe à fleurs ? Qu'on lui brosse les cheveux ? Qu'on dépose sur son visage des baisers mouillés de tendresse ?
À peine enfilé le cache-poussière de vichy turquoise, sa vie a cessé d'égrainer les minutes d'innocence.

Quand se ferment les ronds de nacre sur le tablier, ils jouent à cache-mère.

Paris

Paris, les toits de tes immeubles sont les perchoirs de l'Amour.

Paris je te vole, Paris, je te survole.

Par la vitre brisée d'un rêve haussmannien, mes poumons happent l'air de ta comédie musicale.

Mélodies fredonnées dans le jeu des accordéons.

Elles amèneront les trois coups nécessaires pour casser le mur et dans tes rues, enfin, viendra le moment de tomber amoureux.

Amour

Les fleurs ont fané.

Elles courbent la tête, un peu gênées de n'avoir su s'accrocher à la vie quelques jours de plus. Le temps, peut-être, de retenir l'instant.

Le temps de s'épanouir, au sortir du sommeil, perlées de la rosée d'un matin de printemps où un regard humide s'émerveille devant un visage, devant le moment.

Le temps de s'enivrer du parfum délicat des confidences semées aux creux des draps froissés. Le temps de s'éblouir au rougeoiement de l'ardeur dont le feu refroidit les membres tout en chauffant le cœur.

Le temps de savourer la douceur d'une caresse maladroitement déposée par des doigts frissonnants.

Le temps d'un festin, inviter la tendresse à s'attabler aux saveurs d'un menu gourmand.

Le temps de se combler d'amour, de le graver en lettres d'or au plus près de son cœur afin d'en retrouver le souvenir quand faneront les fleurs.

Mais les fleurs ont fané, elles courbent la tête, un peu gênées de n'avoir pas vécu assez.

Grandir

Il n'est plus entièrement un enfant
Il n'est pas entièrement un homme
Et sur lui on promène des regards confondus
Tantôt avec un « vous », tantôt avec un « tu ».

Une main ébouriffe ses cheveux
Il se surprend à ne plus aimer cela
Une autre se serre en guise d'adieu
Il se surprend à ne pas aimer cela.

Une fille le regarde en riant
Il n'a plus envie de jouer
Une autre rougit, l'œil fuyant
Il n'a pas envie de jouer.

Tantôt sa mère lui refait son lacet
Il se surprend à ne plus aimer cela
Tantôt sa mère lui tend un outil
Il se surprend à ne pas aimer cela.

Parce qu'il n'est plus entièrement un enfant
Parce qu'il n'est pas entièrement un homme.

Ode à l'amour

Dans le jardin des roses, une goutte de sang a coulé.

C'est le doigt de Sybelle qu'une épine a percé.

La pauvre fille voulait cueillir une fleur pour parer ses cheveux.

Ce soir, un bal est donné au château et le beau Calissandre lui réserve une danse.

Mais alors qu'elle porte sa blessure à ses lèvres, un papillon vient se poser devant elle.

— Sybelle, sais-tu que le sang d'une jeune fille amoureuse nourrit les roses du plus doux des parfums ? Reviens à la tombée du jour, tu cueilleras un pétale, ensuite, tu le porteras entre tes seins et la pureté de ton amour parviendra à celui qui fait battre ton cœur.

La jeune Sybelle revint à l'heure dite, accomplit le geste prescrit, puis s'en alla danser.

Calissandre, enivré du parfum de la belle l'épousa sur-le-champ.

Il pleut

Tiens, il pleut encore. Il y avait du soleil pourtant ce matin, mais le soleil, ça ne veut rien dire. Il est là puis tout à coup il disparaît et on ne se sait jamais quand il reviendra.

L'été ne garantit pas la chaleur

Les souhaits n'éloignent pas les nuages

L'espoir ose à peine attendre un peu de lumière

On a beau se fabriquer des certitudes ou s'évader dans une vie légendaire, la réalité n'a pas de plan « B ».

Quand il pleut, il pleut !

Pardon

Pardon de n'être pas celui que tu voulais

Mon corps portait ton corps, mais ton corps le fuyait.

Tu attends une main, pas la douceur des ailes

Tes rêves et tes besoins s'éloignent trop du ciel.

Des racines profondes, dures, solides

Poussées à vif vers le centre de la Terre

Enferment tes pieds dans le magma humide

D'où ne s'échappent pas, tes rêves et tes prières.

Pardon de n'être pas celui que tu voulais

Mon cœur portait ton cœur, mais ton cœur le fuyait.

Tu attends une flamme, pas l'ardeur d'un brasier

Tes rêves et tes besoins s'éloignent des foyers.

Des murs épais, denses, rocailleux

Sortis de rien, issus de ton hier

Érigent des regrets, des remords, des adieux

Jalousement encerclent, tes rêves et tes prières.

Pardon de n'être pas celui que tu voulais

Mon âme portait ton âme, mais ton âme la fuyait.

Tu attends la reconnaissance, pas la compréhension

Tes rêves et tes besoins s'éloignent des pardons.

Tes discours éloquents, riches, animés

Nés de la peur des miroirs ou d'un trop de lumière

Bercent une poussière du monde, au fond de toi cachée

Endorment à jamais, tes rêves et tes prières.

Rancœur

Elle raille avec le rire sournois des Furies édentées. Les soubresauts de son mépris tissent une toile de crin blanc d'où s'évade un menton en galoche. Dans le chaos de sa face, un nez crochu renifle l'orgueil accumulé au cœur d'une excroissance brune qui suinte du gras. L'obscène substance nourrit un long poil raide, solide, amer.

Des profondeurs de son chaudron, émanent les effluves d'un mets indigeste, mijoté à la douleur d'un feu de paille, de braises, d'une explosion. Inexorablement, une flamme amène la potion vers les bouillons fumants. Le liquide poisseux s'enfle en une boursouflure légèrement transparente, pareille à la gorge d'un crapaud, gavée de cris disgracieusement graves. De plus en plus graves.

Elle profère ses incantations, pointant ses doigts noueux vers l'ombre d'une blessure. Le rituel de sa vengeance s'accomplit sous le nombril, dans le secret des méandres nauséabonds. Tandis que, baignés de vanité, ses yeux crachent un venin qui garantit de grandes souffrances avant l'espoir d'une délivrance.

Jardin zoologique

Envers, endroit
Quelle importance ?
Homme, animal
Quelle différence ?
Zoo, État
Quelle est ta préférence ?

Une fille dansait

Une fille dansait sur la place du village

Les pieds dans la poussière, le cœur dans les étoiles

Elle criait tant d'amour que même l'Amour eut mal

Mais personne n'entendait le poids de son message

Alors elle tournoyait, dans son vêtement de soie, légère

Comme se dispersent les feuilles aux baisers de l'automne

Laissant au loin percer la menace du tonnerre

Dans la guerre, une fille dansait pour sauver les hommes.

À tort et à travers

Je t'ai aimé à tort au creux de notre nid
Je t'ai aimé à tort, l'insouciance éblouie
Je t'ai aimé à tort peux-tu me pardonner
Je t'ai aimé à tort oui, mais je t'ai aimé.

Je t'aime à travers les nuages où tu ris
Je t'aime à travers l'absence et la nuit
Je t'aime à travers la noce endeuillée
Je t'aime à travers, je ne sais que t'aimer…

Récréation bleue

Joli cliché d'un temps ancien où dans l'école on prenait la pose.

Les tenues du dimanche filaient des garde-robes le mercredi.

Cheveux peignés, ongles limés, chaussures rutilantes,

En toile de fond, sur un papier brillant, le bleu de la mer.

Joli vêtement du temps ancien des bleus sur les genoux.

Tant de tristesse et tant d'amour enchevêtrés dans les mailles d'un poncho.

Harmonieux tricot de laine tondue sur le dos de la misère.

Tu caches la pauvreté dans le fil orgueilleux de tes mailles à l'endroit, mailles à l'envers.

Joli sourire d'un temps ancien, doux perchoir attendant l'oiseau bleu.

Que reste-t-il des belles choses quand les saisons les délavent ?

Où vont les pigments quand ils s'évaporent des albums ?

L'oiseau bleu n'est jamais sorti de sa boîte, on ne lui avait pas appris à voler.

Joli bleu de l'enfance se dilue dans les affres des ans.

Il fond sur les pierres brûlantes des chemins.

Il se perd quelques fois, se rassemble aux carrefours, éclabousse les nuages.

Il tutoie le soleil.

Le bleu de l'enfance ne pétille plus ses bulles de merveilles.

À moins qu'il ne sommeille dans la partie du cœur qui n'a pas d'âge ?

Elle riait

Je me souviens qu'elle riait. Elle a ri aux éclats et je la remercie pour cela. Pourtant, la vie lui offrit mille occasions de s'inquiéter, mille raisons de s'épuiser et mille autres de pleurer. Mais elle, elle riait, défiant tout ce qui ne s'apparente pas à la joie.

Quand, en 1918, un obus a explosé à deux pas de mon berceau, elle a ri à gorge déployée en serrant fort contre ses seins mon minuscule corps épargné. Je compris ce jour-là que plus jamais le son de sa voix cristalline ne parviendrait à mes oreilles, pourtant, je l'entendais. Je l'entendais autrement. Ses muscles vibraient sur des accords sémillants. Je sentais les soubresauts de son timbre gambader en des îles inexplorées. Sa peau, fissurée par l'énergie de la peur mêlée à la joie, transpirait une eau miraculeuse et je percevais le bruit de la cascade jusque dans mon âme.

Plus tard, lorsqu'elle comprit ma surdité, elle déclara qu'elle m'aimait plus encore et qu'elle m'offrirait ses tympans à Noël.

Chaque année, au pied du sapin, elle déposait une petite boîte soigneusement emballée. Je l'ouvrais, fébrile, tant j'avais peur qu'elle n'ait trouvé le moyen de s'arracher les tympans. Je ne voulais pas qu'elle perde le bonheur de s'entendre rire. Quand enfin ma main tremblante libérait le couvercle, mon cœur se remettait à battre. La boîte était vide.

Alors, elle me serrait plus encore qu'à l'ordinaire et nous riions longtemps, longtemps, très longtemps. Je crois bien que nous riions jusqu'à la nouvelle année. Car, si je ne voulais pas qu'elle perde le bonheur de s'entendre rire, elle, elle ne voulait pas me priver de la plus belle façon de l'écouter me raconter la vie. Nous riions pour célébrer notre langage. L'explosion d'un obus avait inventé un nouveau dictionnaire rempli de mots éclatés dans un éclat de rire et il me donnait à entendre la beauté de ma mère.

Table des matières

Printemps 11

Bleu 12

Écrire 14

L'attraction des opposés..15

Après l'attente 16

Accueil 18

L'étudiante 19

La continuelle...20

S'unir...21

Le chant du charbon..22

Le cri 24

La couleur noire 25

Et si les météorites étaient des étoiles qui rêvent de devenir des hommes ? 26

J'offre à la vie 28

L'instant 29

Insomnie..30

Ligne 32

La mère bancale 34

Le père bancal 36

La quintessence 38

La palette	39
La robe rouge	40
Ligne du temps	42
La mort du meunier	44
L'oiseau va sortir	46
La mère	48
Paris	50
Amour	51
Grandir	52
Ode à l'amour	54
Il pleut	55
Pardon	56
Rancœur	58
Jardin zoologique	59
Une fille dansait	60
À tort et à travers	61
Récréation bleue	62
Elle riait	64

Du même auteur

Le sang d'une autre, roman, éditions Les Nouveaux Auteurs, septembre 2017
Ce roman a reçu le Prix Femme Actuelle Coup de cœur des lectrices
Le sang d'une autre, éditions Pocket, janvier 2019
Quelques mots à vous dire, recueil de nouvelles (collectif), éditions BoD, mars 2019
Un hôtel à Paris, recueil de nouvelles (collectif), éditions BoD, mars 2020